Hundert Gedanken zum Nachdenken

Hermann Schmuck

1. Auflage

2021

Herausgeber:
Hermann Schmuck

Impressum

Jahr: 2021

ISBN: 9789403643359

Covergestaltung: Hermann Schmuck

Verlagsportal: Bookmundo
Gedruckt in Deutschland

Hundert Gedanken zum Nachdenken

Vorwort

Hallo liebe Leserinnen und Leser

Der Grund für dieses Buch ist eigentlich sehr einfach, auf meiner „noch zu machen Liste“ die ich mir erstellt habe war noch Platz und als ich Anfang 2020 die Idee hatte ein Buch zu schreiben, wollte ich es auch umsetzen. Doch welches Thema es werden sollte wusste ich da noch nicht, bis ich auf den Gedanken kam, Gedichte zu verfassen. Das erschien mir einfacher als einen Roman zu schreiben, also begann ich alle möglichen Gedanken, die mir durch den Kopf gingen in Gedichte zu fassen und aufzuschreiben. Im Laufe der Zeit war ich sehr erstaunt über wie viele Gedanken es sich lohnt nachzudenken. Daher auch der Titel des Buches **Hundert Gedanken zum Nachdenken.** Diese Gedanken habe ich dann noch in vier Kapitel unterteilt die mir sehr passend erschienen: **Unmenschliches, Menschliches, Der letzte Weg, Zeit,** weil diese Gedichte alle von den alltäglichen Situationen des Lebens und Sterbens handeln, und wenn man es genau betrachtet, sind diese Gedichte eigentlich vom

Leben geschrieben. Manchmal sind sie zum Schmunzeln, haben aber oft auch einen ernsten Hintergrund, wie das Leben leider sehr oft auch ist. Es sind oft auch Erlebnisse und Begebenheiten, die man selbst erleben musste, oder Gespräche mit anderen Menschen, die einen auf solche Gedanken bringen, um dann auch darüber nachzudenken. Doch es sind mit Sicherheit keine Gedanken oder finalen Erkenntnisse, denen jeder zustimmen muss, nein vielmehr sollten sich Leserinnen und Leser selbst über das eine oder andere Thema Gedanken machen. Dann bleibt mir nur noch allen Leserinnen und Lesern eine schöne und nachdenkliche Zeit mit diesem Buch zu wünschen.

Hermann Schmuck

Inhalt

Unmenschliches

Menschliches

Der letzte Weg

Zeit

Unmenschliches

Das Schicksal lacht

Immer wieder hört man Menschen lachen
manchmal über die einfachsten Sachen
über einen neuen Witz
oder auch über einen kuriosen Besitz
auch über spitze und treffende Kommentare
oder weil jemand nie erzählt das Wahre
so sind viele Menschen einfach zu erfreuen
meistens muss man es auch nicht bereuen
doch hat man das Schicksal zum Lachen gebracht
dann hat man wahrscheinlich Pläne für die Zukunft
gemacht.

Worte

Worte können viel beschreiben
Worte können in Erinnerung bleiben
Worte können ein Schlüssel sein
mit dem richtigen Wort kommt man überall rein
Worte können manchmal richtig beißen
Worte können alles niederreißen
Worte können Frieden schaffen
Worte können sein wie Waffen
Worte können so manchen Kopf besetzen
Worte können auch zu Tode hetzen
die richtigen Worte wären immer von Nöten
denn Worte können leider auch töten.

Böse Geister

Wir rufen unsere bösen Geister selbst herbei
unser Leben ist dann nicht mehr frei
und sie haben alle sehr bekannte Namen
die sie alle von uns selbst bekamen
Hass, Mord und Neid
Zweifel, Geiz und Einsamkeit
Egoismus, Eifersucht und Lügen
Krieg, Bosheit und betrügen
da wir sie alle selbst erschufen
sollten wir darauf achten, ob wir sie rufen.

Gefahren

Seit tausenden von Jahren
besteht der Mensch tausende von Gefahren
doch die größte Gefahr, und das ist für uns kein plus
ist, dass der Mensch am meisten sich selber
fürchten muss.

Das Gefängnis

Viele stehen in einem tiefen Loch
und ziehen ihre Gefängnismauern selber hoch
legen sich in ein Bett aus tausend Zwängen
das steht in einem Irrgarten aus tausend Gängen
daraus einen Ausgang zu finden ist nicht leicht
und wird von den meisten nur mit Hilfe erreicht.

Beenden

Es gibt viele Gründe, um etwas zu beginnen
manchmal nur, damit die Stunden nicht nutzlos verrinnen
manchmal, weil das Leben unverhofft was Neues bringt
und die Menschen dann dazu zwingt
von Zeit zu Zeit lernt man neue Menschen kennen
die einem neue Gedanken und Ziele nennen
manchmal ist es auch ein schlimmer Schicksalsschlag
und alles ist anders, von einem auf den anderen Tag
es ist nicht immer möglich diese Dinge abzuwenden
doch es ist immer wichtig, wie wir sie beenden.

Der falsche Dünger

Hass wächst sehr leicht und schnell heran
weil er vieles als Dünger nutzen kann
Ungerechtigkeit und Trauerzeiten
Vorurteile und falsche Wahrheiten
Wunden auf der Seele, die lange nicht vernarben
manchmal leider auch die falschen Hautfarben
man sollte darauf achten, was wir ihm als Dünger
überlassen
und ob es wirklich nötig ist zu hassen.

Erfindungen

Der Mensch ist sehr erfindungsreich
hat gute und schlechte Ideen in jedem Bereich
das Rad wurde schon sehr früh erfunden
und dreht seitdem sehr viele Runden
der Hebel wird auch schon sehr lange angesetzt
und damit schwere Gewichte sehr leicht versetzt
auch den Kran zum Lasten heben
hat es schon sehr bald gegeben
es wurden leider auch sehr viele Waffen erdacht
und damit sehr viel Unheil gebracht
sehr früh gab es schon den Pfeilbogen
es wurde damit auch in den Krieg gezogen
der Speer wurde schon vor langer Zeit erfunden
und auch das Gewehr schlägt seit vielen Jahren Wunden
doch die schlimmste Erfindung wie ich meine
sind auf der Welt aber die Geldscheine
den die Aussicht auf Geld und damit Macht
hat leider immer wieder Kriege gebracht.

Menschlich

Es gibt einige menschlichen Eigenschaften
die uns als Menschen schon lange anhaften
Hilfsbereitschaft und gegenseitige Rücksichtnahme
eine Rettung durch eine Erste Hilfe Maßnahme
Mitleid und Fürsorge würde ich auch
bezeichnen als zutiefst menschlichen Brauch
so was empfinde ich als menschlich und human
und schließe mich diesem Verhalten gerne an
es wird von Menschen auch geraubt und betrogen
ausgebeutet, hintergangen und belogen
leider wird auch getötet und geschlagen
von vielen Menschen an allen Tagen
würden diese Taten von Tieren begangen
wären sie mit dem Makel unmenschlich zu
sein behangen
doch weil wir diese schlimmen Taten von
Menschen kennen
müssen wir sie leider auch „menschlich“ nennen.

Der gnadenlose Autor

Manchmal ist es so, dass einem die Sprache wegbleibt
weil das Leben zu oft mit schwarzer Tinte schreibt
doch vieles was uns an diesen Texten stört
leider auch zum Leben gehört
das Leben ist manchmal ein gnadenloser Autor
und führt uns unsere Hilflosigkeit vor
der Text ist oft eine große Bürde
ist oft nicht so, wie man ihn gern lesen würde.

Umblättern

Das Buch des Lebens hat viele Seiten
und bringt uns sehr unterschiedliche Zeiten
bei manchen Zeilen wird man erschrecken
auf manchen Seiten kann man schönes entdecken
doch weil es nicht so ist, würde ich es jedem gönnen
man sollte immer selber umblättern können.

Das absolute Vertrauen

In der Beziehung zwischen den Menschen ist es wichtig
dass man Vertrauen hat aber richtig
egal ob Liebe, Arbeit oder Sport
Vertrauen ist überall ein wichtiges Wort
denn egal ob zusammenarbeiten oder leben
sollte es immer genügend Vertrauen geben
normal kann man sich Vertrauen erwerben durch
eigenes Verhalten
in dem wir uns an bestimmte Regeln halten
doch das ultimativste Vertrauen bekommen wir geschenkt
und zwar, wenn man einem Kind das Leben schenkt
das entgegen gebrachte Vertrauen ist absolut
wie manche damit umgehen ist nicht gut
ein Kind, wenn es könnte würde niemals sagen
bei deiner Vorgeschichte habe ich Unbehagen
sie sind unschuldig und mit Vertrauen angekommen
doch leider wird ihnen beides manchmal genommen.

Was man fertig bringt

Fremde Menschen um Hilfe fragen
das eigene Kind zu Grabe tragen
nach einem schweren Unfall Leben retten
einen pflegebedürftigen Angehörigen gut betten
die Kinder alleine großziehen
aus einem zerbombten Kriegsgebiet fliehen
fast keiner weiß, was er alles fertigbringt
bis ihn das Leben dazu zwingt.

Gefährliche Dinge

Es gibt Messer, Säbel und Gewehre
Pistolen, Panzer und auch Speere
wenn man von diesen Waffen hört
weiß man sofort, was jede Einzelne zerstört
doch erst der Mensch mit seinem Verstand
macht gefährlich einen Gegenstand.

Helfen

Helfen ist zwischen den Menschen sehr wichtig
und viele machen das auch richtig
denn Gründe zum Helfen gibt es leider sehr viele
weil es immer noch gibt unzählige Raketenziele
zu viele Bomben die Häuser zerstören
und Bilder die eigentlich nicht in diese Welt gehören
Hungersnot wegen großer Trockenheit
besteht leider auch noch in unserer Zeit
Gründe für eine Flucht sind immer noch gegeben
für viele ist es schwer zu überleben
deswegen ist Helfen ein so wichtiges Wort
und leider fast an jedem Ort
viel besser wäre es, wenn es in keinem Land und
an keiner Küste
diese Gründe gäbe und ein Mensch deswegen
helfen müsste.

Aus Liebe

Aus Liebe wird geheiratet, meist sehr romantisch
aus Liebe sitzt man immer gemeinsam am Tisch
aus Liebe holt man vom Himmel die Sterne
aus Liebe macht man auch andere Sachen sehr gerne
aus Liebe werden wertvolle Dinge verschenkt
aus Liebe werden die Wege nur gemeinsam gelenkt
aus Liebe wird bei allen Dingen unterstützt
aus Liebe wird die ganze Zeit zusammen genützt
aus Liebe wollen viele gemeinsam kochen
aus Liebe verbringt man wunderschöne Urlaubswochen
aus Liebe wird sehr viel gemacht
aus Liebe werden leider auch Menschen umgebracht.

Klonen

Es gibt viele Tiere in der Natur
die folgen ihrer Bestimmung nur
jedes Tier hat bestimmte Eigenschaften
die ihnen schon immer anhaften
Schlangen die ihr Gift verspritzen
Raubkatzen die im Hinterhalt sitzen
Wölfe die ihre Beute zu Tode hetzen
Bären die alles mit einem Hieb zerfetzen
Spinnen die im Netz sitzen und auf Beute warten
Haie die ihren Angriff ganz unverhofft starten
bei dem Versuch, dass man das alles zusammen klont
wird man auf keinen Fall belohnt
denn das wäre eine sehr hohe Bürde
weil dann wahrscheinlich ein Mensch entstehen würde.

Hass

Hass ist nicht nur irgend so ein Wort
Hass kann auch sein wie ein böser Ort
Hass frisst sich manchmal in viele Seelen
Hass kann die freie Entscheidung stehlen
Hass lässt sich manchmal einen Tempel errichten
Hass kann leider sehr viel vernichten
Hass kann sehr viel kaputtgehen lassen
Hass sollte man eigentlich hassen.

Angst

Die Angst ist ein schlechter Begleiter
die Angst hilft dir nicht weiter
man darf sich der Angst nicht ergeben
es wird immer einen Ausweg geben
wer sich nicht wehrt hat schon verloren
bei jedem Versuch wird eine neue Chance geboren.

Die Hand

Die menschliche Hand kennt man eigentlich nur
als sehr geniale Konstruktion der Natur
sie kann Werkzeug sicher benutzen
sie kann sehr gekonnt Haare stutzen
sie kann sicher den Kochlöffel schwingen
sie kann durch Handauflegen Trost bringen
sie kann zum Brotbacken Mehl mahlen
sie kann wunderschöne Bilder malen
sie kann leider auch Kinder schlagen
sie kann auch Gewehre abfeuern und tragen
sie kann Handgranaten abziehen und werfen
sie kann auch zum Töten Messer schärfen
sie ist eigentlich von der Konstruktion her genial
nur das Gehirn, das sie steuert, ist nicht immer ideal.

Menschliches

Der Horizont

Da wir alle auf der gleichen Welt stehen
müssten wir auch alle das gleiche sehen
doch wie die Erfahrungen auf unserer
Welt zeigen
zum Horizont erweitern, müssen viele auf
einen Berg steigen.

Schlechte Erinnerungen

Erinnerungen können uns quälen oder erfreuen
in Erinnerungen können wir auch bereuen
Erinnerungen können uns belasten
Erinnerungen lassen uns auch manchmal durch
das Leben hasten
manchmal würden wir sie lieber missen
denn Erinnerungen sind manchmal richtig beschissen
doch dabei sollte man sich auch in Erinnerung rufen
dass wir die meisten Erinnerungen selbst erschufen.

Brücken

Brücken gibt es auf der Welt sehr viele
erleichtern das Erreichen so mancher Ziele
sie können Hindernisse überbrücken
oder auch ganze Völker näher zusammenrücken
manchmal ist es nur ein kleiner Steg
doch auch der kann enorm verkürzen einen Weg
manche Brücken kann man nicht sehen
weil sie nur im Kopf drin bestehen
doch besteht bei Brücken auch eine Gefahr
und das wird leider manchmal offenbar
sind die Brücken erst einmal abgebrochen
dauert der Aufbau, wenn überhaupt möglich, sehr
viele Wochen.

Spaß

Nicht alles was man macht im Leben
muss auch einen Sinn ergeben
denn manchmal ist es einfach besser
ob es Spaß macht, ist der richtige Gradmesser.

Der Bumerang

Wenn man durchs Leben geht sollte man darauf achten
fremde Menschen immer zuerst mit einem Lächeln
zu betrachten
denn so ein Lächeln ist zum Glück
meistens wie ein Bumerang, und kommt wieder zurück.

Ein Idiot

Die Schauspielkunst wird ab und zu sehr gepriesen
manches zu spielen ist schwer das ist erwiesen
es ist schwer vor der Kamera zu Küssen
oder vor der Linse sterben zu müssen
doch eins der schwierigsten Fächer im Leben
kann sein einen glaubhaften Idioten abzugeben
das sind sicher sehr schwierige Rollen
die nicht alle Schauspieler wollen
dabei wäre es schon beim Casting wichtig, dass man
darauf schaut
dass man einen echten Idioten in die Rolle einbaut
denn einen Idioten gut zu spielen wird sehr
schwer erreicht
ein richtiger Idiot zu sein, ist dagegen sehr leicht.

Organversagen

Sehr komplex ist die menschliche Anatomie
sehr wichtig ist zum Beispiel zum Gehen das Knie
wichtig ist auch die Haut, die uns beschützt
und auch zur Sauerstoffaufnahme nützt
auch die Organe in unserem Körper drin
haben einen lebensnotwendigen Sinn
egal ob Lunge, Nieren oder Magen
wir brauchen sie an allen Tagen
wenn solche Teile unseres Körpers versagen
haben wir sehr schnell großes Unbehagen
nur wenn bei manchen das Gehirn den
Dienst verweigert
wird nur die Anzahl der Dummheiten gesteigert.

Das Gehirn

Viele gehen ohne zu denken durch die Welt
auch wenn man das nicht für möglich hält
da kommt man manchmal wirklich ins stutzen
ich glaube viele haben Angst das Gehirn zu benutzen
denn sie meinen, wenn sie es benützen Tag für Tag
nutzt sich das Gehirn ab wie ein Bremsbelag.

Im Auge des Betrachters

Man sagt, Schönheit liegt bei jedem Betrachter
in den Augen
doch wenn die Augen ein Bild aufsaugen
wird es sich sehr schnell in Richtung Hirn bewegen
und dort einige Hirnzellen anregen
die Augen betrachten jedes Bild neutral
was sie sehen ist ihnen egal
es wird immer im Kopf entschieden
wird ein Anblick geliebt oder gemieden.

Glück

Glück und Pech sind nicht sehr ausgeglichen
es wird sehr oft vom Gleichgewicht abgewichen
denn es gibt Menschen, die stehen nur im Schatten
während andere ein Leben lang nur Sonne hatten.

Kritisch

Man wird Heutzutage geradezu überschwemmt
mit Information die auf einen zukommt ungehemmt
egal ob das Internet eine große Schlagzeile hat
oder irgend so ein billiges Revolverblatt
nicht alles was irgendwo geschrieben steht
auch immer nach der Wahrheit geht
so manche Ente entspringt keinem Ei
sondern irgendeiner Schreiberei
sehr oft wird mit Absicht falsch geschrieben
und falsche Meinungsmache betrieben
und deswegen, weil zu viele Leute zu viel schreiben
Hirn einschalten, kritisch bleiben.

Der eigene Weg

Es gibt für jeden einen eigenen Weg zu gehen
man muss ihn nur erkennen und sehen
und dann wäre noch sehr gut
man hat zum Gehen auch den Mut.

Kindliches Verhalten

Kinder sind wie sie sind
selbstverständlich natürlich ein Kind
gehen offen aufeinander zu
sind vom ersten Augenblick an beim du
sind frei von allen Vorurteilen
wollen immer gern miteinander verweilen
das ändert sich erst etwas später
wenn sie sich verhalten wie manche Mütter oder Väter.

Gedanken

Ein Mensch hat sich was ausgedacht
und wurde dann nur ausgelacht
denn was er sich auszudenken wagte
die anderen Menschen einfach überragte.

Götter

Es gibt sehr viele Götter hier auf Erden
die von vielen Menschen angebetet werden
bleibt die Frage noch zu klären
ob wir ihre Ebenbilder wären
oder ob die Menschen, um nach Göttern zu rufen
diese alle selbst erschufen.

Die Bedrohung

Es gibt auf der Welt etliche Gefahren
die für die Menschen immer wieder eine
Bedrohung waren
ein Tsunami in einer stillen Bucht
die Gefahren einer schlimmen Sucht
Krieg oder eine schlimme Hungersnot
ein Vulkan der schlafend neben einer Stadt droht
Verlust der Heimat oder auch dem Job
leider auch immer wieder ein brauner Mob
doch hat eine Gefahr länger nicht bestanden
kommt für viele leider die Angst davor abhanden.

Im Licht

Die meisten Menschen suchen das Licht sehr oft
weil man dann im Lichtschein hofft
nicht alles besser zu sehen hier auf Erden
sondern einzig, um besser gesehen zu werden.

Im Kopf

Was ist hässlich, was ist schön
was ist einladend, was ist obszön
was ist zu langsam, was ist zu schnell
was ist zu dunkel, was ist zu hell
was ist zu ernst, was ist zu heiter
was bleibt in Bewegung, was geht nicht weiter
was ist zu laut, was ist zu leise
was ist zu dumm, was ist zu weise
es wird immer im Kopf festgelegt
was uns gefällt, und was uns bewegt.

Multitaskingfähig

Im Geschlechtervergleich zwischen Frau und Mann
wird oft verglichen wer was leisten kann
wer kann welche Aufgaben besser abarbeiten
wer nutzt dafür besser seine Tageszeiten
Männer sind da besser, das weiß doch jedes Kind
weil Männer multitaskingfähig sind
das kann man auch ganz leicht ausprobieren
denn Männer können gleichzeitig mehrere
Probleme ignorieren.

Der Sieg

Hast du mal einen Sieg errungen
ist das Lob sehr schnell verklungen
man muss auch Morgen sich beweisen
sonst gehört man gleich zum alten Eisen

Farbenblind

Unsere Welt ist voller Farbenpracht
die Natur hat viel buntes Leben hervorgebracht
es gibt eine Unmenge bunter Blumen
und auch viele farbige Insekten die summen
viele andere Tiere und Vogelarten
die mit den buntesten Farben aufwarten
es gibt blühende Landschaften, tiefe blaue Seen
man kann überall bunte Farben sehen
ich weiß auch, dass viele verschiedene Menschen
auf der Erde sind
doch wenn ich Menschen ansehe bin ich Farbenblind.

Grenzen

Es gibt viele Grenzen auf der Welt
welche, die man manchmal nicht für möglich hält
es kann sein ein hoher Berg, der unüberwindlich ist
oder ein breiter Fluss der sehr schnell fließt
auch Mauern aus Stein
können eine Grenze sein
aber auch Wände aus Stahl
können als Grenze sein eine Qual
doch die schlimmsten Grenzen, dass kann man
immer wieder sehen
sind die Grenzen, die in den Köpfen der Menschen stehen

Mehr oder weniger

Wenn man irgendetwas genießt oder hat
ist man es gewohnt oder man hat es irgendwann satt
doch verändert sich so etwas ungewollt in Art und Menge
haben fast alle Menschen bestimmte Zwänge
denn mehr oder besser geht immer leicht
weniger oder verzichten wird nur bei wenigen
freiwillig erreicht.

Kein Wert

Was nichts kostet ist auch nichts wert
diese Ansicht ist mit Sicherheit verkehrt
denn Freundlichkeit hat keinen Preis
ein Lachen auch nicht wie man weiß
auch für Rücksichtnahme und Respekt
habe ich noch keine Preisliste entdeckt
man sollte auf dieser Welt, dieser verkehrten
viele Dinge neu bewerten.

Wörter

Man sagt sie laut, man sagt sie leise
oder man sagt sie auf die eigene Weise
man sagt sie zu spät, man sagt sie zu früh
man sagt sie manchmal auch mit müh
man sagt sie versteckt, man sagt sie offen
manchmal lassen sie uns auch hoffen
doch egal, wann und wie uns ein Wort entweicht
das richtige zu finden ist nicht immer leicht.

Erfolg

Erfolg setzt sich oft zusammen aus zwei Dingen
die manche durcheinanderbringen
oft wird verwechselt die 20% Inspiration
mit den meist nötigen 80% Transpiration
nachher wird dann darüber viel geklagt
denn der Erfolg blieb ihnen versagt.

Schweigen

Schweigen kann so beruhigend sein
wenn man in der Natur sitzt zu zweit oder allein
man sitzt still unter dem Schatten einiger Birken
und lässt die Geräusche der Natur auf sich wirken
doch so ein Schweigen kann viel mehr aussagen
und viele Informationen in sich tragen
Schweigen kann man auch als Aufforderung verstehen
alles ist vorbei und man sollte gehen
Schweigen kann man manchmal auch als Hilferuf deuten
es kann dann laut sein wie ein Glockenläuten
im Schweigen kann man oft auch eine Anklage erkennen
den Grund braucht man meist nicht zu nennen
ein schlimmes Schweigen kann auch sein auf der Welt
wenn man zu allen wichtigen Themen den Mund hält
deswegen sollte man jedes Schweigen erkennen
aber nur das richtige Schweigen sein Eigen nennen.

Menschenkenntnis

Man sagt oft, dass man einen Menschen kennt
und doch weiß man nur wie man ihn beim Namen nennt
man weiß nicht, wie jemand reagiert
wenn was Außergewöhnliches passiert
ist er politisch immer korrekt
hat er für sich was Neues entdeckt
träumt er vielleicht von einem anderen Leben
will er sich gern mit Freunden umgeben
hat er die richtigen Ansichten
oder hört er gern Geschichten
den von außen ist nicht zu verstehen
wie manche Menschen ihre Umwelt sehen
um einen Menschen zu kennen sollte man wissen
wie er denkt
und warum und in welche Richtung er seine Wege lenkt.

Unterschied

Menschen stellen sich sehr unterschiedlich dar
sie sind auch sehr verschieden das ist klar
um sie kennen zu lernen muss man mit ihnen
leben oder arbeiten
oder mit ihnen verbringen so manch andere Zeiten
dann wird hoffentlich jedem bewusst
doch eigentlich hat man es immer schon gewusst
es kann sein das sich in einem ein Genie versteckt
und dass man bei einem anderen eine leere
Hülle entdeckt.

Routine

Routine schleicht sich in den Alltag ein
bei der Arbeit kann sie nützlich sein
doch in der Freizeit ist sie
der Scharfrichter der Abwechslung und der Fantasie.

Kennen lernen

Um einen Menschen kennen zu lernen gibt es
viele Möglichkeiten
das ist kein Problem in den heutigen Zeiten
man kann mit ihm viel Zeit verbringen
oder ihn teilhaben lassen an vielen Dingen
man kann sich mit ihm unterhalten
oder mit ihm gemeinsam etwas gestalten
man kann ihm etwas anvertrauen
oder aus der gemeinsamen Wohnung schauen
doch eine Methode hat immer ein gutes Ergebnis gebracht
mach ihn zu deinem Vorgesetzten oder gib ihm Macht.

Tropfen

Helfen oder protestieren lassen zu viele sein
sie denken das wäre nur ein Tropfen auf einem
heißen Stein
sicher ist bei einem Tropfen nicht viel zu sehen
aber wenn es genug Tropfen sind kann auch eine
Welle entstehen.

Maßstab

Manche Menschen haben die Eigenart
sie bewerten das Verhalten anderer sehr hart
setzen einen sehr hohen Maßstab an
den so mancher nicht erfüllen kann
Höflichkeit und gutes Benehmen
ob wir Niederlagen sportlich nehmen
wie wir uns nach einem Sieg verhalten
sogar wie wir eine Geburtstagsfeier gestalten
Freundlichkeit und gute Manieren
oder wie wir bei einem Notfall agieren
es wird genau geschaut woher wir kommen
alles wird unter die Lupe genommen
doch wird von solchen Leuten dann oft vergessen
sich selber in diesen Dingen genauso zu bemessen.

Das Schicksal entscheidet

Entscheidungen treffen wir scheinbar sehr viele
manchmal über angestrebte Ziele
oder soll ich heute noch was trinken
soll ich zum Abschied noch freundlich winken
was landet heute noch auf dem Teller
gehe ich das nächste Stück Weg etwas schneller
soll ich heute noch einen Freud besuchen
werde ich morgen noch eine Reise buchen
doch, ist das dann alles selbst entschieden
wird das Schicksal durch die Entscheidungen
dann gemieden
oder ist vorher schon alles festgelegt
und sich nur auf schicksalhaften Wegen bewegt.

Entwicklungen

Der Mensch und die Tiere in der Natur
haben eigentlich ein einziges Bestreben nur
sie entwickeln sich weiter und das ist wahr
nur ist mir beim Menschen die Richtung nicht klar.

Blickwinkel

Viele Dinge stellen sich ganz anders dar
wenn man sie aus einem anderen Blickwinkel
sieht und klar
oft sieht man von vorn eine glänzende Fassade
wenn man dahinter blickt ist es öd und fade
deswegen wäre es oft besser, wenn man darauf achtet
dass man bestimmte Dinge von zwei Seiten betrachtet.

Neid

Das Auslösen von einem bestimmten Verhalten
kann man oft ohne große Anstrengung erhalten
die Liebe empfindet man oft als das große Los
meistens fällt sie einem in den Schoß
man wird manchmal auch ohne eigenes Zutun heimgesucht
von meistens unbegründeter Eifersucht
auch Mitleid ist sehr leicht zu haben für die Meisten
normalerweise muss man dafür auch nichts leisten
schämen ist auch sehr leicht zu erreichen
man braucht manchmal nur vom Hauptweg abzuweichen
Hass auszulösen wird auch keine Schwierigkeiten bereiten
nur Neid muss man sich hart erarbeiten.

Das Glück finden

Muss man sich nach dem Glück strecken
oder wird es uns einfach so entdecken
ist es für jeden sofort zu sehen
oder wird man achtlos daran vorbeigehen
kann man es sehen oder greifen
muss es erst im Kopf drin reifen
man sollte sich nicht dagegen wehren
gut wäre man könnte es einfach vermehren
verschwindet es, wenn man ihm enteilt
wird es mehr oder weniger, wenn man es teilt.

Der letzte Weg

Wenn es weg ist

Man umgibt sich mit vielen Menschen oder Dingen
die wir oft nicht mit dem Wort Wertvoll in
Verbindung bringen
man hat sie um sich Tag für Tag
weil man das gut empfindet und auch mag
doch die richtige Wertschätzung dafür geht verloren
und wird meistens erst wieder neu geboren
wenn man irgendwann feststellt ganz entsetzt
sie sind weg und werden nicht mehr ersetzt.

Abschied

Nicht jeden Abschied muss man zelebrieren
und doch sollte man auch registrieren
jeder Kuss den man aus Eile verschiebt
könnte der letzte sein den man gibt
es könnte auch unverhofft in jungen Jahren
sein das es die letzten Küsse waren
und dass ein Mensch den man gedankenlos
verabschieden will
nicht wiederkommt und er ist für immer still
das sollte man sich ab und zu in Erinnerung bringen
und mehr Aufmerksamkeit widmen diesen Dingen
denn nicht jedem Abschied den man von einem
Menschen nimmt
ist auch ein Wiedersehen vorherbestimmt.

Der Tod

Der Tod, was ist der Tod
ist er Leiden, ist er Not
ist er die Grenze des menschlichen Seins
oder ist er die Tür des nächsten Daseins
ist er ein Flug in die Helligkeit des Lichts
oder ist er ein Sturz ins absolute nichts
wird nicht bei der Geburt auch der Tod schon gebor`n
vielleicht beginnt mit dem Tod gleich wieder
alles von vorn
ist er dann vorbei der Kampf ums tägliche Brot
also sag mir, was ist der Tod.

Das letzte Geräusch

Das letzte Geräusch will niemand hören
und doch wird es jeden stören
ist es Autoblech, das sich laut um dich herum verbiegt
oder die Trauer der Kinder die man noch mitkriegt
ist es Vogelgezwitscher draußen im Grünen
oder Gesang von irgendwelchen Bühnen
ist es ein Lachen in lustiger Runde
oder nur das Bellen der Nachbarhunde
ist es das Geräusch, wenn dich jemand im Bett wendet
doch mit etwas Glück wird nur der letzte Traum
abrupt beendet.

Unser ständiger Begleiter

Das letzte Hemd hat keine Taschen
das letzte Hemd braucht man nicht mehr waschen
die letzte Tür sperrt niemand ab
die letzte Tür die führt ins Grab
du meinst du bist davon nicht betroffen
vielleicht steht sie schon einen Spalt offen
oder man lebt so dahin und passt nicht auf
und hat aber die Hand schon auf der Klinke drauf
dir geht`s gut und du meinst es geht immer so weiter
aber trotzdem ist der Tod unser ständiger Begleiter.

Trauer

Glück lässt sich manchmal nicht in Worte fassen
oft ist es so, dass keine Worte passen
doch die Trauer ist es die uns richtig sprachlos macht
doch an das wird erst gedacht
wenn ein Mensch wird aus unserer Mitte gerissen
und wir müssen ihn für immer missen.

Was nimmt man mit

Viele jagen dem Geld hinterher
und häufen dadurch an immer mehr
es gibt auch welche die haben ein anderes Ziel
und haben deswegen nicht so viel
das gleicht sich erst aus, wenn man verlässt diesen Ort
denn jeder geht von hier mit dem Gleichen fort.

Teilen

Man teilt sich im Leben viele Sachen
die das Leben auch angenehmer machen
oft teilt man sich eine Bierzeltbank
oder von jemandem einen großen Dank
auch Arbeitsplätze werden geteilt
und auch manchmal die gleichen Ziele angepeilt
man teilt sich Bett und Tisch
oder mal beim Essen einen Fisch
auch Freude und Trauer lassen sich teilen
man kann oft gemeinsam darin verweilen
so kann man vieles teilen im Leben
nur den Tod wird es für jeden alleine geben.

Der Schlaf

Der Schlaf ist der kleine Bruder vom Tod
bei beiden haben wir keine Not
das Denken wird dann beendet
und Lebenszeit wird verschwendet
beim Schlaf ist es nur für kurze Zeit
der Tod dauert aber eine Ewigkeit.

Die Holzkiste

Wenn man irgendwann drin ist in der Holzkiste
hat man hoffentlich eine lange Liste
mit Momenten die einem gerne in Erinnerung blieben
denn dann wird sie nicht mehr weitergeschrieben.

Verlorenes

Der Tod schließt viele Türen
das müssen wir immer wieder spüren
lässt die Erinnerungen verschwinden
sie sind dann nicht mehr zu finden
beendet alle Schmerzen
und auch den Schlag von allen Herzen
so wird viel verloren gehen
für die, die noch im Leben stehen.

Besondere Tage

Von Anfang an gibt es besondere Tage
der Geburtstag gehört dazu keine Frage
dann der erste Tag im Kindergarten
den ersten Schultag können auch viele nicht erwarten
auch der letzte Schultag wird gefeiert
und ins Arbeitsleben gesteuert
erste Liebe und der Hochzeitstag
die Geburt der Kinder, was man auch sehr mag
so erleben wir viele besondere Tage im Leben
doch den Tag des Aufgebens sollte es niemals geben.

Das beste Angebot

Angebote bekommt man viele im Leben
doch ein bestimmtes wird es nur einmal geben
es ist auch das beste Angebot des Lebens
doch bei vielen ist das vergebens
hier ist das Leben selbst gemeint
doch bei vielen wird das Angebot verneint
denn von vielen wird nicht daran gedacht
dass man mit dem Leben auch was macht.

Die Urangst

Die Angst vor dem Tod hat es schon immer gegeben
die Angst um sein einziges Leben
früher war es vorgegeben von der Natur
und jedes Wesen lebte danach ganz stur
überleben um jeden Preis
das galt für jedes Leben wie man weiß
welche schlimmen Gründe kann es geben
wenn man mehr Angst hat vor dem Leben
jeder ist darüber immer sehr entsetzt
wenn jemand seinem Leben selbst ein Ende setzt
das ist auch ein Resultat, weil der Mensch denkt
und seine Wege selber lenkt
doch wie groß muss für einen Menschen sein die Not
wenn die Angst vor dem Leben größer ist als die vor
dem Tod.

Auf dem Friedhof

Rennst jedem Euro hinterher
machst bei der Arbeit Überstunden immer mehr
bist irgendwann in deiner Stadt und das ist doof
einer der reichsten Leute auf dem Friedhof.

Die Hoffnung

Die Hoffnung ist ein seltsames Gebilde
sie weckt manchmal Erwartungen, recht wilde
doch sie steht in der Natur mit ihrer Entwicklung allein
sie wird groß geboren und wird zu oft sehr klein

Die tiefe Spur

Jeder ist immer sehr entsetzt
wenn der Lauf der Zeit wird außer Kraft gesetzt
denn niemand kann das verstehen
wenn Kinder vor den Eltern gehen
das ist gegen die Natur
und hinterlässt auf allen Seelen eine tiefe Spur.

Sinn?

Manche Dinge die geschehen
sind für uns Menschen nicht einfach zu verstehen
doch, hat sich das Leben dabei was gedacht
oder hat es das nur einfach so gemacht
man fragt sich, wo ist da der Sinn versteckt
doch, es ist nicht möglich, dass man ihn entdeckt
es wird vom Leben nicht zwischen Sinn und Unsinn
unterschieden
diese Entscheidung wird vom Leben ganz gemieden
denn das Leben lässt, so wie wir sehen
alles einfach so geschehen.

Keine Kompromisse

Wenn wir etwas als falsch empfinden
wird sich eine andere Lösung finden
oder es ist versperrt ein bestimmter Weg
dann sucht man einen anderen Steg
auch Termine werden manchmal verschoben
und für später aufgehoben
so wird vieles wieder geradegebogen
und eine neue Option gezogen
doch wo ich das immer sehr vermisse
der Tod macht keine Kompromisse.

Der gleiche Platz

Es gibt viele Schätze und viel Geld
doch jeder geht ohne das von dieser Welt
denn denk an diesen einen Satz
in jedem Sarg hat das Gleiche Platz.

Das Vergessen

Das Vergessen ist eine schlimme Sache
wenn ich nach 5 Minuten nicht mehr weiß, was ich für
Sachen mache
kein Spaß mehr mit den Verwandten
egal ob mit Onkeln oder Tanten
weißt nicht mehr wer deine Freunde sind
irgendwann erkennst du nicht mal mehr dein Kind
weißt nicht mehr was um dich herum passiert
deine Erinnerungen sind wie ausradiert
wirst grantig, der Ärger steht dir im Gesicht
man kann dir nicht böse sein, du weißt es ja nicht
mit so einer Krankheit geht's einem beschissen
dazu muss man aber auch noch wissen
der Betroffene weiß es nicht, der Kopf wird immer leerer
dafür trifft es die engen Verwandten immer schwerer
denn die Erinnerungen sind auch was uns als
Menschen verbindet
man muss zusehen wie seine Erinnerung und damit
auch der Mensch verschwindet.

Die störenden Geräusche

Das zusammen leben von Menschen auf der Welt
wird manchmal auf eine harte Probe gestellt
man ist gestört von bestimmten Geräuschen
darüber kann man auch nicht hinwegtäuschen
lautes Schnarchen in der Nacht
wenn jemand immer lauthals lacht
überflüssige Kommentare beim Autofahren
die meistens sowieso nicht nötig waren
auch gelegentliches kritisieren
wird uns öfters irritieren
oder ein gedankenloses Wort
zur falschen Zeit am falschen Ort
doch ich glaube, am meisten ist man dann gestört
wenn man diese Laute nicht mehr hört
und der Mensch den man liebt
tot ist, und kein Geräusch mehr von sich gibt.

Zeit

Suche

Ganz früher und auch heute
sind auf der Suche nach irgendwas die Leute
früher waren es gute Weidegründe und Jagdreviere
und möglichst viele Beutetiere
heute sind es ruhige unberührte Plätze
oder sehr schöne intakte Naturschätze
doch was den Menschen früher und heute leider verbindet
ist, dass er oft zerstört was er dann findet.

Taschendieb

Das Leben ist manchmal wie ein Taschendieb
nimmt uns weg was uns teuer ist und lieb
man hat den Diebstahl gar nicht mitbekommen
erst, wenn man es braucht merkt man, es wurde uns genommen.

Viele Fragen

Sobald man im Leben denken kann
kommen bei jedem viele Fragen an
wer wird uns entgegenkommen
was wird einem wieder genommen
was muss man alles lernen
von was muss man sich wieder entfernen
welche Krankheiten werden nach einem greifen
wird man als Mensch reifen
wird man seine angestrebten Ziele erreichen
muss man vielen Gefahren ausweichen
hat man im Leben mehr Pech oder mehr Glück
schaut man mit Freude auf sein Leben zurück
wo wird man hingehen, zu welchen Orten
diese Fragen, wird nach und nach alle das Leben
beantworten.

Erinnerungen

Erinnerungen verblassen mit der Zeit
wie ein Bild, dass zu lange in der Sonne verweilt
es halten nur länger Bilder mit sehr grellen Farben
genauso wie Erinnerungen mit sehr tiefen Narben.

Lebenszeit

Für jeden Handgriff, jeden Pulsschlag
für jeden Menschen den man mag
für jeden Atemzug und jede Träne
sogar für das wachsen deiner Zähne
für jede Geste, jeden Blick
auch für jeden schönen Augenblick
für Arbeit, Freude und Leid
und auch für vertraute Zweisamkeit
für jeden Moment im Glück
gibt man einen Teil seiner Lebenszeit zurück.

Lebensspuren

Das Leben ist wie eine Spur, die man nach sich zieht
ist das Leben vorbei, kann es sein das man sie bald
nicht mehr sieht
denn die Zeit verwischt schnell alle Spuren
die wir mit unserem Leben in die Geschichte fuhren.

Der Augenblick

Die Zeit dreht nicht ihre Runden
und bringt dir zurück irgendwelche Stunden
der richtige Augenblick ist immer jetzt
denn kein Augenblick wird je ersetzt.

Die Sanduhr

In der Sanduhr des Lebens
sucht man den Füllstand vergebens
so weiß keiner auf der Welt
wann für ihn das letzte Sandkorn fällt.

Die Zeit

Die Zeit kann dir so vieles geben
ein sehr schönes und interessantes Leben
doch das ist alles nur geliehen und nicht auf Dauer
die Zeit liegt zum wieder wegnehmen schon auf
der Lauer.

Das Zeitkonto

Wenn ich so darüber nachdenke
ist Zeit eins der wertvollsten Geschenke
denn selbst wenn man die Zeit nicht nutzt
wird das Zeitkonto des Lebens gestutzt.

Der Rest

Die Jahre fliegen davon wie ein paar Nebelfetzen
im Wind
man sollte die Sachen erledigen, die einem wichtig sind
denn schneller als man sich umschaut
hat dir der Tod den Rest deines Lebens versaut.

Zukunftsbild

Das Bild, dass man sieht, wenn man in die Zukunft schaut
wird vom Leben sehr oft versaut

Vorbei

Es passiert so viel auf unserer Welt
was man manchmal nicht für möglich hält
Fehler die man selber macht im Leben
oder Katastrophen die uns fast den Rest geben
doch was einmal geschehen ist und das ist klar
ist leider nicht mehr abänderbar
man muss es so aufschreiben und im Kopf behalten
denn nur die Zukunft kann man noch gestalten.

Üben

Alles was man erlernt hat und kann
wird mühseliger irgendwann
darum sollte man das üben dann und wann
damit man es weiterhin auch kann
doch das wichtigste sollte man täglich machen
denken, und nicht zu wenig lachen.

Die Jagd

Viele jagen der Zeit hinterher
die Termine ersetzen dabei das Gewehr
doch viele sind da einem Irrtum unterlegen
diese Jagd läuft genau entgegen
nicht die Zeit ist die Beute
sondern die Zeit jagt die Leute.

Gestohlen

Jeder Mensch sehr vieles kann
man lernt diese Dinge von Kindheit an
gehen, springen und auch laufen
und im Leben richtig einzukaufen
man hat viel Wissen und auch Kraft
man weiß das man sehr vieles schafft
doch vieles was wir können und auch wissen
werden wir irgendwann einmal vermissen
denn viele Sachen werden uns auf leisen Sohlen
von der Zeit wieder gestohlen.

Das Meer

Wir treiben in einem Meer aus Zeit
und denken es reicht unendlich weit
doch jeder Mensch kommt irgendwann
an seinem letzten Ufer an.

Gute alte Zeit

Man sitzt manchmal mit alten Freunden zusammen
die dann alle auf die alten Zeiten kamen
und dass vor etlichen Jahren
die Zeiten noch viel besser waren
und dass durch die Menschen hier auf Erden
die Zeiten immer schlechter werden
wie das weitergeht weiß dann jedes Kind
dass jetzt die guten alten Zeiten von in 30 Jahren sind.

Alltag

Man sollte den Tagen Inhalt geben
sonst schenkt man her sein Leben
denn wenn man jeden Tag nur Alltag mag
dauert das Leben nur einen Tag.

Zeit

Zeit ist tot, ist leerer Raum
öde wie ein leerer Traum
erst durch unser Denken, unser Handeln
lässt sich dieser Zustand wandeln.